AF497936

ÉTUDE

SUR LA

PYROTECHNIE

DE

Jean Appier HANZELET.

Pont-à-Mousson, — Imp. Eugène ORY.

ÉTUDE

SUR LA

PYROTECHNIE

DE

JEAN APPIER HANZELET

Maître des feux artificiels de S. A. le Duc de Lorraine Charles IV

LIVRE IMPRIMÉ EN 1630 A PONT-A-MOUSSON

Avec mention du Révolver et de la Mitrailleuse

(Gravures à l'appui)

PAR

EUGÈNE ORY

IMPRIMEUR

Membre de la Société Philotechnique de Pont-à-Mousson.

PONT-A-MOUSSON

Imprimerie Eugène ORY, rue Saint-Laurent, 66,

1874.

EXTRAIT

Des Mémoires de la Société Philotechnique

DE PONT-A-MOUSSON.

ETUDE

SUR LA

PYROTECHNIE

DE

Jean Appier HANZELET.

L'Imprimerie mussipontaine a jadis brillé d'un vif éclat qu'elle empruntait à l'Université « tant célèbre et fleurissant, qu'il n'y a Académie en Allemaigne, ny ceste ancienne et fameuse Université de Cologne mesme, ny en France (excepté celle de Paris), qu'en fréquence de leçons, tant en humanité et philosophie et théologie et loix, et affluée de disciples, tant du pays et du lieu que d'Allemaigne et autres régions circonvoisines, elle ne surmonte et ne désavance. De sorte que nous pouvons à bon droit usurper ce de quoy se vantoyent les anciens Latins : *in Latium spretis Academia migrat Athenis*, et dire : *Mousonium spretis Academia migrat Achivis* (1). »

Cette dernière phrase, quoiqu'elle paraisse exagérée, n'est que l'expression de la vérité. L'Université de Pont-à-Mousson, dès 1603, comptait plus de 1500 élèves. Les cours de Droit, ceux de Médecine ensuite, attirèrent les étudiants de l'Allemagne, des Pays-Bas, de l'Angleterre, de l'Irlande et de l'Écosse (2). On désertait même les écoles de Paris, pour venir

(1) Cette citation est empruntée à la dédicace du commentaire de l'*Hymne de la Philosophie de P. de Ronsard*, par *Pantaléon Thévenin*, de *Commercy*, en *Lorraine*. Je l'ai trouvé dans le livre de M. Beaupré : *Recherches sur les commencements de l'Imprimerie en Lorraine*, livre qui m'a été d'un très-grand secours et que j'aurai bien souvent occasion de citer.

(2) En 1581, dit Guillaume de Rogéville, dans son *Dictionnaire des Ordonnances de Lorraine*, on agrandit les classes du Collége des Jésuites. On y annexa encore un Séminaire pour les Anglais Écossais et Irlandais, fondé tant par le Souverain Pontife que par la reine Marie Stuart,

étudier à Pont-à-Mousson. Afin d'empêcher que l'abandon fût complet, et faire droit aux plaintes et doléances de l'Université de Paris, le Parlement et le Roi lui-même durent intervenir et faire des ordonnances enjoignant aux étudiants français de revenir à Paris.

On comprend facilement quelle influence l'Université exerça sur l'Imprimerie en Lorraine et surtout à Pont-à-Mousson. En 1604, près de Pont-à-Mousson, à Jezainville, une papeterie fut installée, uniquement pour servir à la consommation des *argumentabor*. Cette usine fut détruite, vers 1777, et remplacée par un moulin qui a conservé le nom de *moulin de la Papeterie*.

Les imprimeurs étaient alors nombreux dans notre ville, car, à côté des deux imprimeurs jurés de l'Université, il y en avait d'autres dont les établissements étaient alimentés par les premiers.

Ne pouvant toujours suffire à la besogne, ceux-ci se réservaient les impressions des livres et abandonnaient aux autres les différentes thèses des étudiants des Facultés des Arts et de Théologie, de Droit et de Médecine.

Deux partis s'offraient à moi : faire une histoire, aussi complète que possible, de l'Imprimerie mussipontaine, c'était un travail, (en admettant même qu'il ne fût pas au-dessus de mes forces), exigeant un temps que je ne pouvais, pour le moment, dérober à mes occupations ; faire cette histoire en détail, c'est-à-dire, m'attacher à un seul imprimeur, et même à un seul livre, le choisir curieux et surtout peu connu, ce dernier parti me convenait mieux et un hasard heureux vint fixer mon choix.

Je reçus, un jour, d'Amiens, un journal contenant un article, dont j'extrais les passages suivants :

Révolvers et Mitrailleuses.

Rien de nouveau sous le Soleil. — « Les inventions qu'on nous donne comme modernes sont pour la plupart des réinventions, quand elles ne sont pas de simples plagiats. De tous les perfectionnements à la recherche desquels se livre le génie de l'homme, les plus poursuivis sont les perfectionnements de l'art de s'entre-détruire. Que d'engins meurtriers le dix-neuvième siècle n'a-t-il pas cherché à inventer ! Je ne citerai pour exemple que les révolvers en Amérique, les mitrailleuses en France. Eh bien ! révolvers, mitrailleuses, tout cela était connu de nos ancêtres bien avant que nos perfectionneurs modernes aient eu la philanthropique pensée de redoter l'humanité de ces instruments oubliés et hors d'usage. Nous pourrions en dire autant des armes à feu se chargeant par la culasse ; les planches des ouvrages techniques du P. Daniel et de Mallet en font foi.

» Le colonel Colt n'a point inventé le révolver, car on le connaissait déjà en 1630 ; en voici la preuve irrécusable. »

(Suit une citation, qui trouvera sa place plus loin).

» Il est certes difficile de démontrer plus clairement le système du révolver ; et qui nous donne cette description si exacte ? Un volume in-quarto, imprimé à Pont-à-Mousson en 1630, portant pour titre : *la Pyrotechnie d'Hanzelet Lorrain.*

» La mitrailleuse d'invention moderne n'est aussi que la copie fidèle de l'engin jadis appelé jeu d'orgues. Hanzelet a aussi parlé des orgues pour se retrancher dans les rues ou autres places.

» Avais-je raison de répéter cet adage ? *Rien de nouveau sous le Soleil.* »

A. JANVIER.

(La Picardie, Revue historique et littéraire).

Ce livre est à la Bibliothèque communale de Pont-à-Mousson, inscrit au catalogue sous le n° 1482. Mon choix était fait, ce qui va suivre est une étude sur la *Pyrotechnie* d'Hanzelet.

Voici tout d'abord les détails biographiques que j'ai trouvés sur cet auteur. JEAN APPIER est son vrai nom, HANZELET est un surnom ; c'est un diminutif, dit M. Beaupré (1), légèrement défiguré de Hanz, Jean, et peut équivaloir, en

(1) Livre déjà cité.

allemand, à *petit Jean.* Il a pris ce surnom probablement pour se distinguer de son père (1).

Hanzelet est né à Haraucourt, près de Nancy, le 15 janvier 1596, et il est mort en 1647 (2).

Dom Calmet (3) donne les renseignements suivants :

« Hanzelet (Jean Appier), maître d'artillerie de S. A. de Lorraine, était un esprit fort inventif et un habile ouvrier en différents genres.

» Il a fait de belles découvertes dans les machines de guerre et dans les feux d'artifices. C'est un des premiers auteurs qui eut traité de cette dernière matière. Il était, outre cela, graveur et imprimeur, comme le témoignent plusieurs livres qui sont sortis de sa presse (4).

» Le père de Jean Appier était ingénieur de S. A. de Lorraine, et avait tracé plusieurs fondements des fortifications de Nancy, du temps du Duc Charles III. »

On comprend bien qu'élevé par un tel père, Hanzelet dut, dès l'âge le plus tendre, être initié au dessin, aux mathématiques et à la pyrotechnie appliquée à l'attaque et à la défense des places. Pendant toute sa vie, il conserve, nous le verrons, une grande prédilection pour ces études. Graveur, il fait surtout les planches des livres de mécanique, de géométrie ; imprimeur, il imprime souvent des livres de ce genre ; ses études premières et sa première profession lui

(1) Dans un second article sur Hanzelet, je produirai un fait à l'appui de cette conjecture.

(2) Durival.

(3) *Bibliothèque Lorraine.*

(4) Après avoir étudié le livre de Hanzelet sur les machines de guerre, je donnerai la liste, aussi complète que possible, des livres à l'impression desquels il a contribué, en qualité de graveur et de ceux qu'il a imprimés lui-même ; de la sorte, je l'aurai suivi dans les trois phases principales de son existence : maître d'artillerie, graveur et imprimeur. Chronologiquement, j'aurais dû commencer par ces recherches bibliographiques, puisque Hanzelet ne publia sa *Pyrotechnie* qu'après avoir exercé successivement ces deux professions, et notamment, celle d'imprimeur, à Pont-à-Mousson, (1624-1628) ; mais, j'ai cru devoir étudier d'abord cette œuvre originale et curieuse à divers titres.

sont alors d'un grand secours ; auteur enfin, il publie sur la pyrotechnie une œuvre magistrale, que nous allons analyser.

La première page du livre, celle du titre, est fort curieuse, elle mérite une description détaillée. C'est un grand portique, à quatre colonnes, qui ne sont autres que des pièces de canons, couvertes d'emblèmes héraldiques, tels que : doubles croix de Lorraine ; C entrelacés (chiffre de Charles IV, dédicataire de l'ouvrage) ; chardons de Nancy, avec la devise : *nul ne s'y frotte ;* croix de Jérusalem et enfin alérions. Ces colonnes sont soutenues par des refouloirs et des bâtons, au bout desquels brûlent des mèches allumées. Le piédestal, d'un côté, est orné d'un boulet ardent à pointes (pointes en dehors), appuyé sur deux couleuvrines en croix, au-dessus, le mot : *auec* ; de l'autre, une grenade supportée par une flèche et un dard à feu, placés en croix, au-dessus, le mot : *permission.*

Le fronton est ouvert, et, au centre, on voit, reposant sur un socle, le triomphant écu des armes pleines de Lorraine, entouré d'une guirlande d'olivier et surmonté d'une couronne ducale. Sur la frise et sur la dernière moulure, des obus en feu et des pièces d'artillerie, vomissant la flamme et crachant la mitraille. La frise porte écrits en gros caractères ces mots : MARTE, d'un côté ; ET ARTE, de l'autre. Devant le socle est un cercle de feu, que traversent des pièces d'artillerie ; à chaque côté, un pilon pour broyer les compositions de « feux artificiels. »

Entre les canons servant de colonnes, une énorme bombe à anses laisse échapper un grand cercle de flammes, au centre duquel on lit le titre du livre, dont je garde la disposition et, autant que possible, la forme des caractères :

LA
PYROTECHNIE
DE
HANZELET LORRAIN

ou fout reprefentez les plus
rares et plus appreuuez
fecrets des machines et
des feux artificiels
Propres pour affieger battre
furprendre et deffendre
toutes places.

Sur les flancs de la bombe, on lit les noms des imprimeurs,
ainsi disposés :

AV
PONT A
MOVSSON PAR
I. & Gaspard
Bernard.
1630

En dessous de cette bombe, deux pièces d'artillerie en-
flammées, montées sur leurs affûts; auprès des roues, un
amas de boulets; de chaque côté, un tonneau de poudre.

L'entrée du livre est superbe : voyons si tant de promesses
sont remplies et si le reste répond à tant de magnificences.

Il faut d'abord nous arrêter un instant à la dédicace. A
la rigueur, elle n'a rien de remarquable, elle est dans le
genre de tous les autres morceaux de ce genre. Mais, si

parva licet magnis componere rebus,

si on peut établir un parallèle entre la dédicace du livre de
Hanzelet et celle d'une des tragédies de Corneille, *Cinna,*
parue à la même époque, en 1639, il faut bien reconnaître

que la comparaison est à l'avantage de notre auteur, qui montre plus de dignité que le poëte. En effet, le pauvre grand homme en était réduit à célébrer la libéralité d'un parvenu, tout-à-fait inconnu, M. de Montoron, financier du temps. Hanzelet, au contraire, nommé maistre des feux artificiels de S. A. le Duc Charles IV, lui dédie son livre, par reconnaissance et par devoir ; et, quand il parle avec éloge de son protecteur, il a le droit de dire, sans que l'histoire le démente : « Je crois auoir rencontré dequoy satisfaire à celle (la nature) de V. A. qui ne symbolise qu'auecque les généreuses actions ou ce qui les accompagne...... Le courage & la cognoissance de ce qui touche les armes, sont les fleurons plus riches de vostre couronne, que tant de valeureux exploits de vos Augustes Ancestres vous ont faict partager en ce monde. »

Il faut dire, car la critique n'abdique pas ses droits, que Hanzelet est.... *orfèvre*, à la façon de M. Josse, quand il s'exprime ainsi : « Mais s'il y a des inuentions qui annoblissent le courage, ce sont sans doute celles qui meslées de feu & de poudre fournissent des moyens au courage d'enfanter heureusement & d'exécuter à souhait, ce qu'il aura conceu & que lame généreuse aura prémédité. » Je ne puis non plus m'empêcher de relever, à la fin de cette dédicace, une phrase qui me semble *quelque peu* hasardée comme métaphore « ..... & suffira l'vn de vos suiets d'auoir fait voir à la lueur de ses feux & à l'esclat de ses inuentions qu'il est né pour viure & pour mourir etc... »

Sautons une table des chapitres, par ordre alphabétique, qui occupe trois pages et nous arrivons à une page digne de nous arrêter un moment.

Elle contient quatre petites pièces de vers élogieux, adressés à Hanzelet, à propos de son livre, et qu'il fait imprimer, sans sourciller, sans que sa modestie en soit le moins du monde froissée. C'était assez l'habitude du temps et il ne faut pas s'en étonner.

La première de ces petites pièces est signée d'*Ardenne* ; elle porte comme adresse : *Av Sievr Hanzelet, maistre des feux artificiels de Son Altesse.* Elle ne mérite pas d'être citée, non plus que la seconde, qui est obscure, ampoulée, sans nom d'auteur. La troisième est plus longue, elle a dix vers tandis que les autres n'en ont que quatre. Les derniers sont assez heureux, car Hanzelet y est bien dépeint, et cela, sans exagération, ni prétention.

> *Mais sur tout,* Hanzelet, *on te doit estimer :*
> *Car seul doüé de deux des plus rares thrésors,*
> *Qui exaltent l'esprit, & relèuent le corps :*
> *Tu as l'esprit ouuert, la main prompte & habille.*

La dernière pièce est signée : *André Mareschal* ; elle est assez bien tournée, le dernier vers est charmant.

> Hanzelet *couchant par escrit*
> *Ces conceptions plus secrettes*
> *As pour les rendre plus parfaictes*
> *Presté la main à son esprit.*

A défaut d'autres preuves, celle-là suffirait pour montrer que Hanzelet est l'auteur des gravures qui ornent son livre et qui, toutes, sauf trois, ne portent pas de signatures.

Les premières pages du livre sont empruntées par Hanzelet à « Diego Vfano capitaine de la citadelle d'Anuers. » Elles donnent les renseignements nécessaires « pour recognoistre les diverses pièces d'artillerie et leur *(sic)* charges. » Il y a là des détails techniques fort longs et peu récréatifs sur les pièces dites : légitimes, bâtardes, extraordinaires, renforcées, communes, amoindries.

Le chapitre suivant nous apprend « les noms des parties des canons avec leurs mesures selon *du Praissac.* » Il y a une gravure. Ensuite vient un chapitre emprunté encore à Diego Ufano ; en voici le titre : « Comment par raison *(sic)* asseurées le canonnier cognoistra si la pièce est bien faicte & soubs quelle espèce elle est comprise. » Il y a aussi une gravure. Parmi les choses « requises à un canonnier, » se trouvent d'excellents conseils, qui ne sont pas toujours suivis, je ne dirai pas, par nos artilleurs, mais par certains disciples de Nemrod. De cette négligence blâmable résultent nombre d'accidents, surtout à l'époque de la chasse. Il faut, est-il dit, toujours s'assurer si une pièce est chargée, il faut l'entretenir soigneusement dans un état de grande propreté: autrement, on s'expose à des accidents, et le canonnier, en s'en servant, pourra apprendre, à ses dépens, que ce sont là « pièces dangereuses, & que s'il la voulait recharger, aussi tost elle le pourrait faire voler en l'air. »

Page 17, il y a une grande et belle planche représentant « une machine pour peser facilement une pièce d'artillerie. » Elle rappelle celles dont on se sert, dans les gares, pour enlever et décharger les marchandises. Page 19, est représentée une machine « pour traîner une pièce d'artillerie où l'on voudra. » Je la remarque à cause d'une petite particularité intéressante pour des Mussipontains. Hanzelet avait habité Pont-à-Mousson, lorsqu'il était imprimeur ; il se souvient de son séjour dans notre ville, car il représente, posée sur un petit charriot, une pièce d'artillerie, dont les anses figurent, à peu près, les deux barbeaux des armes de notre ville.

Après viennent deux chapitres, avec planches et figures à l'appui, décrivant et représentant des machines pour lever les pièces sur leurs affûts, pour les faire monter sur une « haute & aspre montagne. » Hanzelet n'est pas seulement constructeur-mécanicien, il est géomètre et mathématicien; il donne un procédé pour « trouver justement le point sur les frises d'un canon par lequel on doit viser ; » « pour ajuster le canon pour donner au but proposé. » Il y a de longs calculs pour le cas où « le point où vous visez est hors de la

droite portée du canon. » Il va sans dire que je n'ai pas con-
trôlé ces chiffres, et pour diverses raisons : tout d'abord, et
celle-là est la meilleure, je ne suis pas compétent en pareille
matière, et il est fort regrettable que ce livre ne soit pas
analysé par un homme du métier. Peut-être y trouverait-il
bien des détails à relever, soit pour l'éloge, soit pour la critique, détails qui m'échappent, ou au milieu desquels je
n'oserais m'aventurer, de peur de me tromper, et même,
faute de les comprendre.

A la page 51, notre auteur donne à son travail une forme
nouvelle, mais très-commune à cette époque, celle du dialogue. Il y a deux interlocuteurs, un général et un capitaine.
Tout d'abord, c'est le « dialogue de deux pièces d'artillerie
esgales laquelle est ce qui poussera la balle plus loing, celle
qui est logée au haut d'une tour, ou celle qui est logée au
pied d'icelle. » Le général demande au capitaine son avis sur
cette question ; celui-ci croit que celle qui est logée au haut
devra pousser la balle plus loin, mais il n'en a pas fait
l'expérience et il en donne les raisons tout au long.

Il y a une figure pour aider à la démonstration. Le général
est difficile à convaincre, il ne se rend pas, mais, à la fin,
le capitaine invoque, à titre d'exemple, un fait qui s'est
passé au siége d'une ville, « dont il appert que tant plus
que la pièce est élevée, tant est la portée plus lointaine. »
Là-dessus, le général s'avoue vaincu, et, avec une modestie
louable, mais trop rare, confesse « d'auoir manqué en ce
poinct. »

Nous sommes toujours en plein dialogue entre les mêmes
interlocuteurs ; cette fois, il s'agit de savoir « comment pour
battre une place assiégée, il faut loger l'artillerie. »

Le général, en homme prudent, économe de ses provisions
et de ses munitions, ménager de la vie de ses hommes, entre
ainsi en matière : « les frais de la guerre estans si grands,

cest bien raison qu'on regarde de les bien mesnager, puis donc que les plus grands se font es batteries, Ie vous prie de me monstrer quel ordre il y faut tenir, en sorte que sans estre frustré de son intention on n'y employe toutesfois trop de munitions. »

Tout naturellement, je m'attache surtout à la forme, quand le fond n'a rien de bien important, et je crois que, quand bien même je serais en état de le faire, il serait superflu de discuter des théories qui, maintenant vieillies, sont rendues inutiles par nos nouveaux engins et par la tactique employée aujourd'hui, par suite de ces inventions, ou plutôt, de ces perfectionnements.

Hanzelet, paraît-il, tient beaucoup à cette forme de dialogue. En voici un troisième sur « la façon de loger des pièces en batteries secrètes ; » un quatrième où il est dit « comment il faut loger les pièces au défaut de terre ; » un cinquième « comment au défaut de tous moyens on doit faire une batterie de sacs de laine. »

Il est inutile de faire remarquer, en passant, que les moyens d'attaque et de défense, indiqués par ces titres de chapitres seraient maintenant bien insuffisants. Mais alors, il n'y avait pas de canons à longue portée. Krupp n'avait pas encore fondu ses formidables engins qui, malheureusement pour nous, ont fait *merveille,* à leur tour, dans cette terrible guerre, qui nous a coûté tant d'hommes et tant d'argent et nous a valu la perte de nos deux chères voisines.

Toutes ces démonstrations sont accompagnées de planches avec figures à l'appui. Comme l'a fort bien dit André Mareschal, dans la petite pièce de vers, citée plus haut, Hanzelet a « prêté la main à son esprit. »

La série des dialogues n'est pas encore épuisée. « Comment on fait une batterie de pièces enterrées, » tel est le titre d'un ; un autre promet beaucoup, il apprendra « comment on doit faire une contre batterie en un bastion, de laquelle, sans aucune crainte d'être découvert, on puisse démonter toutes les pièces de l'ennemi. »

Hanzelet commence à comprendre qu'il abuse un peu du dialogue ; aussi, le général, avant de faire une nouvelle question au capitaine dit : « Nonobstant que les iours passez ie vous aye molesté de beaucoup de demandes, si ne m'en puis-ie encor desporter. » Alors vient une nouvelle discussion tendant à montrer « comment on doit battre la pointe d'un bastion et les défenses qui se peuvent faire en iceluy. » Le général, après son petit exorde par insinuation, ne pouvait manquer de trouver son interlocuteur bien disposé à répondre, ce dernier n'y fut-il pas obligé, par respect hiérarchique.

Nous arrivons au dernier dialogue ; le capitaine, une fois lancé, ne s'arrête plus. C'est lui qui prend le premier la parole, pour nous dire ce qui, selon lui, est requis d'un général d'artillerie, au siége d'une place. Il y a là d'excellents conseils, bons en tout temps ; aussi n'hésiterai-je pas à citer quelques passages de ce dialogue. Je crois que si, dans la dernière guerre, nos généraux avaient toujours été aussi prudents, aussi soucieux des moindres détails, que l'exige le capitaine, bien des désastres eussent été sinon évités, au moins atténués.

Cap. S'il est question d'assieger quelque place, le General taschera en toute diligence de s'informer par le moyen des espies, si par dedans l'ennemy est armé de grandes ou petites pièces d'artillerie, en petit ou grand nombre, auec suffisance ou deffaut des prouisions, tant pour la defense, que pour les victuailles, auec certaine désignation des murs & fortifications, des bouleuarts & bastions, des lieux plus forts, & plus foibles, s'il y a des mines & contremines : pour en faire les aprets, & l'attaquer és lieux conuenables. Puis estant venu au lieu mesme, doit en toute prudence & seureté possible, recognoistre tout à l'enuiron la campagne, cherchant le lieu plus commode pour y loger la nuict suiuante quelque pièces, desquelles il puisse à l'aube du iour esueiller & saluër les assiegez : tant pour les espouuanter, que pour donner courage aux assiegeants.

Viennent ensuite de longs détails techniques sur l'établissement des batteries ; je saute bien vite et suppose les batteries installées. De nouveaux devoirs commencent alors pour le général.

Il doit auec grand soin & diligence visiter les trenchées & pourueoir soigneusement en tous endroicts qu'il n'y ait faute de rien...... Cependant qu'on bat selon son ordre à toute outrance, il se doit prudemment choisir vn lieu, auquel il puisse veoir & remarquer tous les coups & effec s qu'ils font aux defenses des ennemis, pour les amander s'il y auait quelque defaut.

Après la victoire, le général doit penser à tous ceux qui lui en ont valu l'honneur et « faire son rapport au Prince pour solliciter que ses gentils-hommes, connestalles & artilliers, soyent deüment recompensez de leur diligence. »

Le chapitre suivant traite des « petites et grandes saulcices et du saulcisson. » Ce nom bizarre désigne « une invention fort profitable pour retenir la violence des eaux, renforcer les digues ou chaussées, et parfaire autres labeurs semblables en lieux marescageux. » La figure montre comment on peut s'en servir.

Voici maintemant un chapitre important sur l'art de miner les places. Hanzelet est très-prudent ; qu'on en juge. « Premièrement, dit-il, il faut prendre garde si le lieu se peut miner ou non. » Cette recommandation n'est-elle pas par trop élémentaire ? Trois choses peuvent empêcher la mine ; si la forteresse est placée sur quelque rocher fort profond et fort dur ; s'il y a « tout plein de viues sources d'eau dans les fossez; » et enfin, si, à cause du voisinage d'une rivière qu'on ne peut détourner, les fossés se remplissent à mesure que l'on creuse. « Secondement il faut soigneusement prendre garde aux accidens qui pourraient empescher l'effect de la mine lesquels se peuuent réduire à six chefs. » Je vous en flais grâce ainsi que des autres recommandations. Pour ce chapitre seul il y a deux figures.

Nous sommes toujours dans les mines. Voici la façon « de conduire une mine de bas en haut, ou de haut en bas. » La gravure à l'appui représente une montagne (Mousson, peut-être), au sommet de laquelle s'élève un magnifique château, dont le bâtiment principal est une tour crénelée ; au pied, est bâti un autre château, avec une tourelle surmontée d'une flèche élancée. Le tout est finement dessiné et légèrement tiré.

Le chapitre suivant traite « de la prise des places par pétard, ou quelque autre surprise, ou par trahison. » Prudence est mère de sûreté, a dit La Fontaine ; c'est aussi la devise de Hanzelet, qui recommande instamment de reconnaître d'abord bien les lieux et ensuite, quand le moment d'agir est arrivé, « se seruir des stratagèmes pour couurir ses intentions, & diuertir l'ennemy en autre part. » Il faut aussi bien prendre son temps ; le meilleur moment c'est « un peu auant le iour, à cause que les sentinelles estans lasses & recrües s'endorment. »

Suivent de longs détails techniques sur la composition des pétards et de la manière de les poser. Si c'est aux barrières et aux portes, il faut une *fourchette* ; si c'est à un pont, une *flèche*. Trois planches achèvent la démonstration.

« La commodité ne se trouue pas quelquefois de planter les pétards contre les ponts leuis ou portes à cause de la largeur des fossés ou autres empeschements. » Notre auteur ne nous laissera pas dans l'embarras et il met à notre disposition plusieurs façons de flèches, dont il recommande l'usage suivant les circonstances, et comme toujours, la démonstration est accompagnée d'une figure. Son habileté de graveur lui est alors très-précieuse, et comme il le dit fort bien « regardez la figure, il me semble qu'elle vous donne assez d'industrie pour ce faire, sans faire tant de discours. »

Comme le titre du livre l'indique, Hanzelet écrit non-seulement pour l'attaque, mais pour la défense des places ; nous venons de voir comment il faut s'y prendre pour les pétarder, voici maintenant comment « les empescher d'estre pétardées. » L'important est de sauvegarder les portes, en tenant à distance ceux qui voudront approcher ; pour cela les moyens ne manquent pas, ils sont décrits dans un long chapitre.

Malgré les promesses du titre, Hanzelet s'occupe plutôt des moyens d'attaque. Il peut arriver que l'on se trouve dans la nécessité d'abattre un pan de muraille alors qu'on est sans canon. Il ne faut pas être en peine voici « une machine pour suppléer au deffaut du canon & qui faict grand effect. » Vous prenez une pyramide en lames de fer battu, vous l'emplissez de poudre et la mettez dans un trou, creusé dans le mur que vous voulez jeter à bas. « Si cette machine est bien faicte, & remplie de poudre fine, elle fera plus d'exécution d'vn seul coup, que ne feraient cent coups de canon. » Seulement, il me semble qu'il ne manque qu'une chose à cela, c'est que Hanzelet ne paraît pas douter un seul instant de la facilité d'approcher de la muraille pour y faire un trou. En somme, les moyens qu'il propose peuvent être excellents, mais sont-ils praticables ? Voilà ce qu'il est permis de craindre, ou alors il faut avoir affaire à des gens tout-à-fait accomodants, se faisant un véritable scrupule de troubler les combinaisons, inventions et stratagèmes de leurs ennemis. Autant Hanzelet recommande de prudence aux assiégeants, autant il suppose de négligence et d'imprudence aux assiégés.

Avant d'arriver aux murailles, il faut traverser des fossés, qui, le plus souvent, sont remplis d'eau. Pour cela, il faut des ponts ; nous avons un long et intéressant chapitre sur les ponts, leur structure et leurs usages. L'auteur va du simple au compliqué. Voici d'abord plusieurs sortes de ponts « pour traverser fossés et rivières ou pour lever sur une muraille de moindre hauteur pour monter. » Souvent on manque de matériaux, on prend quelques tonneaux reliés ensemble, par des pièces de bois posées en travers et on a un pont improvisé ; fait plus en grand, c'est un radeau propre à tenir la mer. En passant, Hanzelet donne un bon conseil « à ceux qui font voyage sur le doz de Neptune. » Il faut qu'ils fassent de provision de pièces de bois avec lesquelles ils construiront un pont qui ressemble fort aux trains de bois qui, à certaines époques, descendent notre Moselle. Il y a mieux, ce n'est pas d'hier que datent les ceintures et autres appareils de sauvetage et de natation, si recommandés et si nécessaires, surtout en ces derniers temps, depuis les nombreux sinistres qui sont arrivés en mer. Hanzelet les connaissait parfaitement, en voici la preuve :

Il est besoing encor d'estre muny, de l'vn ou l'autre des instruments faits en forme du vertugal que les dames portent. Lesquels sont de cuir bien fort, donc l'vn sert de ceinture, & l'autre pour lier sur l'espaule. Ces dits instruments se peuuent enfler comme vn balon, auec leur petit faucet du derrière, pour empescher le vent de sortir. Tels instrumens sont tres propres à ceux qui ne sçauent nager: à cause qu'ils peuuent supporter des grands fardeaux sans enfoncer dedans l'eau, & partant sont recommandables.

Jusqu'ici nous n'avons vu que des ponts pour traverser des fossés ou de petites rivières ; il faut prévoir tous les cas, et Hanzelet sait aussi « comment en vn grand fleuue on peut armer sur des batteaux vn grand pont pour passer non seulement l'infanterie, mais aussi la cauallerie, voire l'artillerie auec tout son charriage. » Je ne dirai qu'un mot du pont dont il donne la description avec une magnifique figure. Encore aujourd'hui, nos pontonniers ne s'y prendraient pas autrement et mieux. Il y a quatre ans bientôt, nous en avons vu construire un semblable, sous nos yeux, par les Prussiens, dans cette terrible journée du 14 Août 1870, qui jamais ne s'effacera de notre mémoire.

Hanzelet donne pour la défense et la garde de ce pont des conseils, qui aujourd'hui ne seraient plus de saison. Celui-ci, cependant, n'est jamais inutile. Il faut, dit-il en substance, souvent visiter les bateaux, pour voir s'ils prennent eau, et, s'il y en a en mauvais état, les réparer immédiatement. Aussi doit-on avoir à cet effet, « bon nombre de mariniers et calefates, avec leurs instruments pour s'en seruir au besoing. »

Boileau, je crois, disait que ce qu'il y a de plus difficile dans l'art d'écrire, ce sont les transitions. Hanzelet n'ignore pas ce procédé, il s'en tire même fort habilement ; qu'on en juge.

C'est assez parlé des ponts, & puis que par leur moyen l'on peut estre conduit auprès des grilles & autres choses qui empeschent le passage par où l'on veut entrer és places, il me semble n'estre hors de propos de déclarer maintenant diuers instruments qui peuuent servir, soit à conduire quelque pesant fardeau au lieu nécessaire, ou le destourner du chemin à ce qu'il ne nous empesche ; soit à arracher les barreaux de fer, ou autre chose semblable qui nous bouche le chemin.

Nous sommes à la page 138 ; à partir de là jusqu'à la page 150, nous avons la description et la figure de divers instruments à attirer et à arracher : une énorme griffe en fer est attachée à une corde qui s'enroule sur un cylindre de bois ; ou bien la griffe tient à une pièce de bois dentée qui s'engrène sur une roue dentée ; l'appareil est mû, soit à l'aide d'un tourniquet confié à un seul homme, et, lorsqu'il le faut, à plusieurs, soit par un procédé analogue à celui des treuils et des cabestans, ou encore par une espèce de vis sans fin, comme on en voit dans certains pressoirs de notre ville.

Nous savons comment renverser les murailles à l'aide des

pétards et autres engins de ce genre, comment miner les places ; à l'aide des ponts que Hanzelet nous a appris à construire, nous voici au pied des murailles de la ville que nous
assiégeons ; une porte, une barrière nous gêne, nous l'arra-
cherons avec des instruments *ad hoc*, nous n'avons que l'embarras du choix ; il y a un plus court moyen c'est de monter
à l'assaut, c'est d'escalader. Et, comme il dit fort bien, par
une excellente transition « avant que d'entrer dans la matière
d'escalader, il ma (*sic*) semblé bon d'enseigner méchanique-
ment à prendre vne hauteur de muraille sans beaucoup
d'instruments. » C'est un petit problème à résoudre ; la so-
lution proposée par Hanzelet, avec la démonstration et la
figure, est une application directe de la propriété des trian-
gles rectangles semblables.

Pour escalader la muraille, dont nous savons prendre la
hauteur, nous prendrons une échelle. Comment la construire,
quelle est l'échelle la plus maniable, la plus commode, la
plus facile, la moins coûteuse ? Hanzelet traite cette question
tout au long dans une série de chapitres qui vont de la page
153 à la page 160, où se termine, la première partie du
livre, celle consacrée à l'attaque et à la défense des places.
De ce chapitre des échelles, je ne dirai qu'un mot ; on y
trouve décrite et représentée (page 158) une sorte d'échelle à
coulisses, garnie de crochets et pouvant s'allonger à volonté,
qui n'est autre que celle dont se servent aujourd'hui les
pompiers de Paris. On sait si ce corps d'élite est admirable-
ment organisé et parfaitement outillé.

Les pages du livre portent toutes en tête ces mots : « *Machines, artifice de feux pour la guerre & récréation* ; » après
avoir traité des machines, Hanzelet va s'occuper des feux
artificiels. Avant d'aborder cette question, où il excelle, il
croit nécessaire de faire un petit avertissement au lecteur.
La fin de ce morceau mérite d'être citée. Hanzelet recom-

mande de manier proprement, nettement et sans précipitation toutes ces compositions de feux de guerre et il continue ainsi :

Car celuy qui n'a point de proprieté, ne faict iamais rien qui vaille ny celuy qui se haste trop, car il y en à plusieurs si tost qu'ils commencent à faire quelque chose, ils voudroyent desia auoir fait & en veoir aussi tost les effects sans quelque fois prendre garde & considerer si le tout est bien construit & s'il a n'y point de faute de peur d'encourir quelque danger veu que quelque fois les plus fins y sont prins.

Avis aux brouillons, aux impatients et aux imprudents, et il y en a dans tous métiers !

Hanzelet va s'occuper de feux de guerre, des armes à feu, des engins dont on les charge, de la poudre et de sa composition ; tout d'abord, je dois de nouveau rappeler mon incompétence en pareille question. Ce sera mon excuse pour passer souvent très-vite sur certains détails, et je m'en ferai d'autant moins de scrupule que la plupart de ces engins et de ces armes ne sont plus en usage maintenant et sont relégués dans nos musées d'artillerie, à titre de curiosités.

Voici d'abord la manière de faire des dards, des flèches, des lances, des piques à feu.

Remarquons, en passant, une planche qui représente un cercle de feu, engin qui a trouvé place dans le titre du livre. C'est la première planche qui soit signée. Il faut prendre note de cette signature et de la manière dont elle est faite.

La signature de notre auteur est : *J. A. Hanzelet*, le J, l'A et l'H ne faisant qu'une lettre (1). Cette remarque ne nous sera pas inutile dans la deuxième partie de ce travail.

Pour repousser un assaut, on peut encore se servir de l'instrument appelé gentilhomme, de pots de feu, de grenades, de boulets de diverses sortes ; en cas d'alarme la masse à feu est très-utile.

Hanzelet n'oublie rien. « Comme il est très-nécessaire aux

(1) La première des figures jointes à cette étude est signée, quoiqu'elle ne le soit pas dans le livre de Hanzelet.

villes d'auoir de la clarté durant le cours de la nuict : aux places où sont les allarmes ou semblables occasions ; Ie vous représente la façon de faire des fallots qui vous y pourront seruir ».

Sautons quelques pages peu intéressantes et nous arrivons à une série d'instruments « lesquels estans pratiqués à propos peuvent tailler de mal agréable besongne à l'ennemy. » Tous ces instruments ont, je crois, un grand défaut, c'est d'être peu praticables, peu sûrs et destinés à ne faire du mal qu'à un ennemi tout disposé à se laisser tromper. Ils reposent tous sur ce principe : cacher un engin de guerre de façon à ce qu'il n'inspire aucune défiance à l'ennemi, qui s'en approche en toute sécurité, enlève brutalement et sans précautions ce qui, selon lui, cache du butin, bon à piller ; cette secousse « fait décliquer un roüet, » met le feu à la poudre préparée à cet effet. La machine éclate, lançant des projectiles de toutes sortes qui font beaucoup de mal à ceux qui se laissent prendre à l'appât.

Ainsi on peut cacher cet appareil meurtrier, par exemple « dans vne hotte vulgaire d'osiere pratiquée partout et qui peut être portée sans suspçon ; » par-dessus, on met des œufs, des fruits, des vivres, etc.... Ce procédé est recommandé particulièrement « aux viuandiers des troupes des ennemis quand ils leur portent des viures. » Cependant je crois que si l'ennemi y est pris une fois et il ne sera pas deux. Comme le rat de La Fontaine, après avoir perdu .... quelques hommes, il sera en défiance et n'approchera pas « de ce bloc enfariné qui ne lui dira rien qui vaille. »

J'ai déjà eu occasion de le remarquer : en dehors de cette science spéciale, qui fait l'objet de son livre, et dont je suis fort mauvais juge, Hanzelet a un talent réel, comme écrivain. Ses théories, parfois arides, sont égayées quelquefois par une certaine mise en scène. La forme pare le fond;

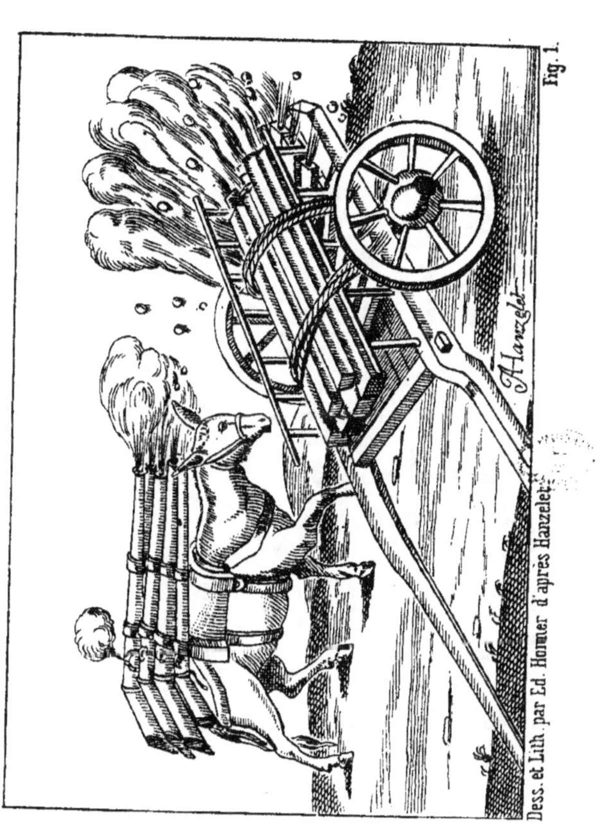

Hanzelet
Dess. et Lith. par Ed. Hommer d'après Hanzelet
Fig. 1.

de temps en temps, on rencontre de véritables épisodes. En voici un que je citerai en entier pour cette raison d'abord, et ensuite parce que l'instrument, dont il s'agit, est un acheminement, comme une préparation, à une invention, qui se trouve quelques pages plus loin, et où nous reconnaissons l'idée première de la mitrailleuse de nos jours (1).

Il y auoit vn iour des soldats à l'entour d'vne place ou partie deux estoit en embuscade en vn certain destroit au dessus d'vn costeau de montagne, & comme il sortit de ladicte ville quelques caualiers volontaires pour les aller charger, l'on prenoit garde à leur dessein & sembla à quelqu'vn que si parmy eux ils eussent eu vn instrument semblable à la figure suiuante pour rompre les premiers rangs de ladicte embuscade ils eussent blessé beaucoup de gens d'auantage qu'ils ne firent. C'est pourquoy ie rapporte ledict instrument qui est vn asne ou petit cheual tel que voudrez & de moindre prix : dessus lequel vous approprierez vn bas propre pour y dresser quatre ou cinq arquebuzes à croc ou cheurettes qui y seront arrestees auec crochets faits à propos y obseruant vne trainée à l'endroit des lumieres, au bout de laquelle sera arresté vn roüet auec vn assez long cliquet, y attachant vne cordelette pour le faire decliquer quand vous voudrés. Ie le represente pour vn de nos instruments militaires, parce que l'on à veu l'experience qu'il fit vn bel effect, & si il ny auoit qu'vn gouiart qui menoit vn petit cheual en main ou estoient dessus six arquebuzes de deux pieds & demy de canon d'assez bon calibre, couuertes d'vn tapis comme vn cheual de bagage l'ennemy qui pensoit auoir du butin voulut en troupe s'en saisir & tirant ledict tapis pour veoir que c'estoit il decliqua le ressort du roüet, par lequel le feu se prit par tous les canons, & y en eut plus de douze que tuez que blessez. L'inuention seruira à ceux qui la trouueront propre pour leur commodité, elle peut seruir en plusieurs endroits à ceux qui la voudront pratiquer.

(1) Voir la figure I (planche ci-jointe) qui reproduit scrupuleusement le dessin de Hanzelet, (sauf pour la signature qui ne se trouve pas dans l'original, et que je donne pour la raison exposée plus haut). Cette planche et les suivantes sont dues à M. Ed. Honner, peintre verrier, à Nancy, un ami, qui s'est gracieusement mis à ma disposition et a consacré à une simple copie un véritable talent d'artiste. Je lui offre ici mes meilleurs remercîments ainsi qu'à M. Haguenthal, lithographe, qui a bien voulu me prêter son concours, par exception, à titre de confrère.

A côté de cet âne, qui est une espèce de mitrailleuse ambulante, il y a une petite charrette. La figure montre assez ce que c'est. Le coffre d'artifices, décrit dans le chapitre suivant, est encore un instrument du même genre, et auquel nous ferons le même reproche. Ici encore, nous retrouvons ces qualités de style, qui donnent un certain charme à la lecture de ce livre, si recommandable au seul point de vue technique.

Du coffre d'artifices.

Comme la nécessité faict trouuer moyen de se venger de ses ennemis. Vn marchand françois auoit accoustumé d'aller en marchandise pendant les troupes tant du costé de franc-fort qu'autres lieux, & comme par toutes les places fortes y auoit des garnisons les vns d'vn party les autres d'vn autre, qui prenoient tous les passants ce marchand fut vollé par trois ou quatre fois, ou il fit de grandes pertes tant de sa marchandise que de rançons qu'il fut contraint de payer ; se voyant desnüé de tous moyens & comme desesperé faisant ses plaintes à vn sien amy, il luy demande quel moyen il pourroit trouuer pour estre vangé de ceux qui l'auoient ainsi ruiné, l'inuention luy fut donnée de dresser vne charette semblable à celle auec laquelle il auoit accoustumé de mener sa marchandise ; y accomodant vn coffre semblable à ceux ou il amenait les draps de soye, & qu'au lieu desdits draps le coffre fust remply de grenades barils, pots à feu, poudre, & autres artifices ; & aduiser le temps d'vne foire ou il auoit accoustumé d'aller, afin de mener ladicte charette prés des lieux ou il auoit esté volé. Aussi tost ladicte charette fut dressée & le coffre accommodé, aux dedans duquel furent mis force grenades, barils, pelottes, & bonne quantité de poudre. Apres que le tout fut bien approprié il fit poser des roüets aux dedans dudit coffre faicts à propos, l'vn seruoit de serrure, qui se bandoit auec la clef du coffre, & se decliquoit en l'ouurant, l'autre estoit attaché en vn autre endroict du dedans dudict coffre lequel se decliquoit aussi tost que l'on tiroit la toile qui couuroit ce qui estoit empacqueté en forme de draps de soye : ladicte charette fut menée au lieu accoustumé ou il auoit esté pris, & prise de mesme comme les autres : les soldats voulants prendre le butin & ouurans ledit coffre, ils furent que tuez que

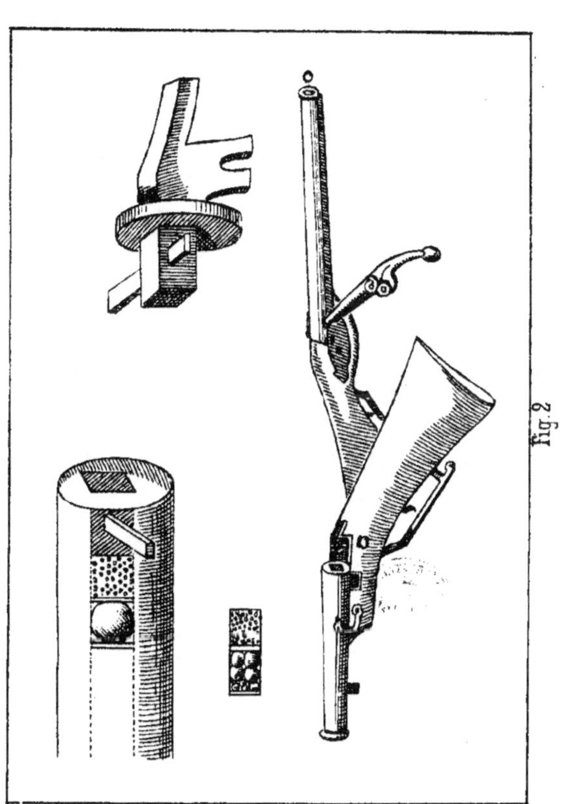

Fig. 2

bruslez, de vingt à trente. Cette inuention peut servir à quelque embuscade pour attirer l'ennemy qui s'addonne à piller & non à combattre.

La planche, où est représenté le coffre d'artifices, est signée (1). Nous en rencontrons encore une autre, dans un des chapitres suivants, où il est question des sacs et auges à feu.

Voici quelques engins, dont le nom, au moins, est assez étrange : ce sont des perdreaux, des lapins « gibier de mauuaise digestion à ceux qui en goustent. » Ce sont des boulets à mitraille, des balles creusées que l'on remplit de tels corps solides que l'on désire. Avant d'en finir avec les machines « ignivomes, » Hanzelet nous en présente une qu'il tient « pour la plus furieuse en vn assaut, & qui peut faire plus de mal aux ennemis. » C'est le tonneau du feu. Pour le construire, on prend un petit baril, rempli de poudre ; on met ce baril au centre d'un tonneau plus gros « emply de toutes parts de chaux viue, de morceaux de cailloux, fer, plomb ou choses semblables estants de la grosseur d'une noix ou d'vn œuf pour le plus, auec de la poudre susdite pour nuire aux yeux. »

Je laisse de côté quelques recettes de « compositions qui bruslent en l'eau. » Ne les ayant pas expérimentées, je n'en puis rien dire.

Si l'on en croit nos récents inventeurs (qui devraient souvent se contenter de prendre des brevets de perfectionneurs), c'est à eux que l'on doit la découverte des armes se chargeant par la culasse, voici un chapitre (2) qui va un peu rabattre leurs prétentions :

(1) C'est précisément cette signature qui est imitée à la fig. 1. Les autres sont un peu différentes, mais toujours la liaison des trois lettres J, A, H, existe.

(2) Ce chapitre m'a paru assez important pour que je donne la planche qui l'accompagne (fig. 2). L'auteur le dit lui-même : « la figure vous faict assez conceuoir l'inuention sans vous descrire dauantage. »

Comment il faut recharger les arquebuzes par le derriere.

Les arquebuzes à croc se peuuent accomoder & recharger par le derriere comme la figure cy dessous vous le montre. Il faut pour ce faire, accomoder la culasse quarrée marquée A. qui corresponde à l'endroit du trou du canon bien ioingnant, & faire passer vne clauette de fer au trauers du canon & de la culasse, & faire vos charges comme vous voyez en B. & C. sera le canon : la figure vous faict assez conceuoir l'inuention sans vous descrire d'auantage. C'est vne inuention fort belle & fort vtile, d'autant qu'il arriue quelque fois que l'on est serré en des lieux ou l'on n'a commodité de s'y bien tourner & accommoder pour les recharger.

Il faut en dire autant aux inventeurs du révolver, car nous arrivons au chapitre qui a attiré l'attention de l'auteur de l'article du *Journal d'Amiens*, que j'ai cité en commençant, article qui m'a donné l'idée de faire ce travail (3).

Comment on peut tirer plusieurs coups d'vne arquebuze à croc sans la retirer de la canonniere.

Il vous faut auoir vne piece de fer ou de cuiure, de la longueur d'vn pied ou enuiron, ayant demy pied de diamettre : au milieu d'icelle percés vn trou de la grosseur d'vn poulce passant tout outre & à l'entour d'iceluy diuers autres de la grosseur du calibre du Canon, que vous voulez tirer, lesquels ne seront percees tout outre, au contraire il leur faut laisser vne culasse de deux poulces d'espesseur. Aux entredeux de ces trous, par le dehors de vostre masse de fer, il faut obscruer des cannelures de la longueur mesme desdits trous, & dans icelles creuser vne forme de bassinet & dans ce creux percer vn petit trou, pour seruir de lumière correspondant aux autres trous comme la figure notée A. vous enseigne, pour donc appliquer iustement vostre Canon, il faut qu'il soit monté sur vne barre de fer ou de cuiure, comme vous le voyez icy depeint, & que la queuë de sa monture se r'applique dans vn grand trou qui passe tout outre l'instrument, & quand vous voudrés tirer de vostre arquebuze, vous n'auez qu'à charger lesdits trous de poudre, boure, & de plomb, & y ayant ioint le Canon tourner la dicte pièce, iusques à ce qu'vn des trous se r'encontre dans celuy du Canon, par le moyen d'vn ressort appliqué au dessus : ayant

(1). Figure 3.

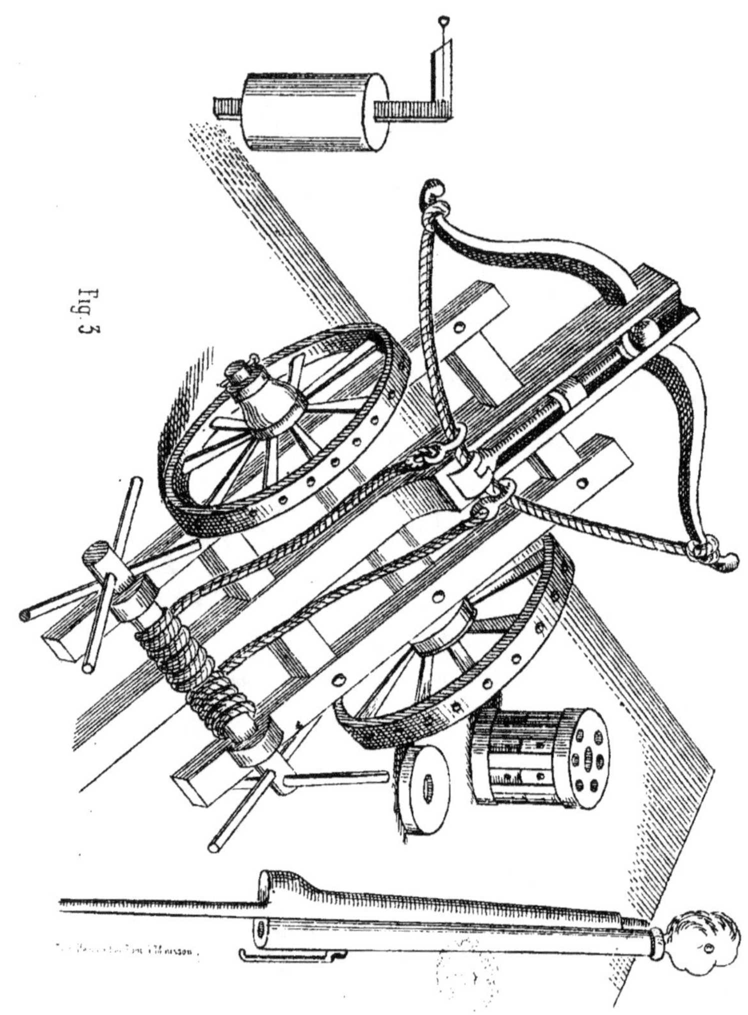

Fig. 3

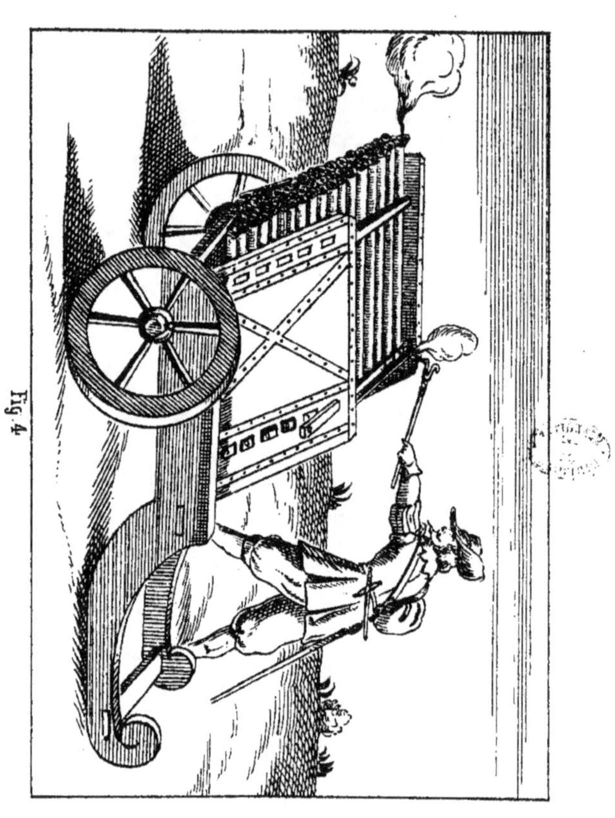

Fig. 4

tiré ce coup la, vous en faictes de mesme des autres ensuiuans, si
bien qu'autant de trous qu'il y aura dans la pièce susdicte, autant
de coups tirerez vous, sans être subiect à retirer vostre Canon hors
des Canonnieres, & sans perdre du temps à le recharger, non sans
grand dommage des ennemis, lesquels voyans tousiours vn Canon
sans le retirer, pensent que l'on n'ayt plus de munition, & par
ainsi s'auancent et trouuent à l'instant qui les endommage.

J'auois oublié de representer ce morceau de bois, que vous
voyez depeint dans ceste figure, ou il y à une esquerre auec son plomb
passant à trauers, cette piece doit estre de la grosseur du calibre
du canon, que vous voulez dresser, elle vous monstre le point de
la mire, en posant vne reigle au long de la iambe de vostre esquerre : c'est pourquoy vous en aurez memoire au lieu ou il est
parlé du Canon ; car estant ainsi faicte l'on peut bien mieux poser
son esquerre que dans vn grand trou comme la bouche des Canons & si l'operation en est meilleure, & de peu de suiection.
L'arbalette aussi representée en cette mesme figure doit estre
faicte comme vous la voyez depeinte, elle peut tirer des boulets
pesant de 150 liures comme Guillaume du Hout le descrit, & cy
deuant vous est dict au chapitre ou est l'Arbalette à tirer les dards
& flesches à feux.

Aucune des grandes et terribles inventions modernes,
destinées à faciliter aux rois et empereurs leurs hécatombes
humaines, n'y échappera. Voici maintenant le tour de la mitrailleuse, qui n'est autre qu'un *jeu d'orgues* revu, augmenté
et corrigé. La citation suivante le prouve amplement, car je
laisse encore ici la parole à Hanzelet, et je le fais d'autant
plus volontiers et avec d'autant moins de scrupule, que je
crois aller au-devant des désirs de mes lecteurs, en leur faisant grâce de mes réflexions personnelles. Je leur donne le
texte et la figure (1); ils ont ainsi en main les pièces du
procès, qu'ils jugent eux-mêmes.

Des Orgues pour se retrancher dans les rües ou autres places.

La premiere barriquade cy dessus depeinte se peut appeller Orgues,
& se fait en ceste sorte. Prenez des Canons de Mousquet, & les ac-

(1) Figure 4.

commodez en sorte que la culasse soit entaillée dans la piece de bois, comme vous voyez en F. qui est seulement pour vous montrer la construction des autres, & les rangez selon que vous voyez la figure desseignée, laquelle vous donne assez à entendre comment vous en pouuez tirer seulement vn rang, & lequel il vous plaira soit au dessus ou au dessous. Ladicte machine se peut manier par un homme seul, qui sera à couuert, & hors de danger il faut qu'elle soit bien ferrée & assemblée, & ne tiendra qu'a vous au lieu de tirer des coulisses tout d'vne piece de faire à chacque Canon vne petite couuerte sur la lumiere, & me semble que ce sera le meilleur. L'inuention de ces Orgues à esté fort pratiquée en flandre par le Comte Maurice, & sert de grande deffence contre la Cauallerie, & partant sont de grand service tant aux villes comme en la campagne.

Ce sont là les chapitres vraiment curieux de ce livre, qui contient une étude si complète et si consciencieuse de tout ce qui touche à la pyrotechnie. On voit que Charles IV, en nommant Hanzelet *maître des feux artificiels*, c'est-à-dire, le grand maître de son artillerie, ne faisait que reconnaître son mérite et le mettre à la place qui lui revenait de droit.

Ce qui me reste à parcourir du livre, (pour tenir les promesses du titre que j'ai pris pour mon travail) n'offre qu'un intérêt médiocre ; nous irons à grandes étapes, mais nous irons jusqu'au bout ; nous devons rencontrer quelques chapitres qui nous indemniseront de notre tenacité.

En passant, prenons note d'une recette pour faire une chandelle, « qui se porte au vent & à la pluye sans s'esteindre. »

Il faut aussi relever un passage curieux où l'on retrouve cette prudence qui est le caractère propre de Hanzelet. Il s'agit de stratagèmes par les feux.

Nous appellons stratageme, (selon son Ethymologie) semer des perles, ou pierres precieuses à ses ennemys pour les surprendre en les releuant Souuentesfois par telle ruse l'on est prins en prenant. L'on amuse ordinairement son ennemy pour le surprendre au lieu où il se donne moins de garde. Les sorties que l'on faict d'vne place à la charge, ou à l'escarmouche, sont souuent pleines de ruses : comme miner vne demic lune & faire semblant de fuir pour attirer l'ennemy afin de le faire sauter, à quoy il faut bien prendre garde, & ne se iamais precipiter en vn lieu qui ne soit bien recognu, ny se trop haster à piller, ce que l'ennemy laisse en chemin, craignant d'encourir les dangers que nous exposerons aux chapitres succedants.

Dans un chapitre intitulé « *meslange de diuerses choses concernantes les feux,* » je trouve un passage qui mérite d'être cité, je crois ; on y reconnaît l'esprit subtil et inventif de Hanzelet.

Le Capitaine qui desirera de s'eueiller en vne certaine heure de la nuict, & qui n'aura horloge ni monstre pour se regler, le pourra commodement faire par la methode suiuante. Il faut faire essay d'vne toise de mesche, & sçauoir combien d'heure elle pourra durer allumee, & selon qu'elle durera, il faudra en prendre autant que vous desirez qu'elle brusle, à la fin de ceste corde il faudra mettre vn peu de poudre d'arquebuze, ou vn pistollet amorcé à descouuert, auec poudre aux enuirons du bassinet : & lors que l'heure sera venuë, que la mesche prendra fin, elle allumera ce pistollet, & esueillera son maistre. Si cela se faict en vne chambre, ou en vne tante, l'on pourra mettre de la poudre dessous vn fagot, auec du vieil linge, de papier, & estoupes, de soulfre en poudre & le feu allumera ce fagot tout seul. Il allumera encor la chandelle, si vous liez vn petit fil de cotton soufré, au lumichon de la chandelle, & que l'autre bout aille prendre feu audit fagot si au lieu de pistolets vous cousez le bout de vostre mesche apres le fond d'vn sachet plein de balle de mousquet & mettez vn chauderon ou bassinet dessous lors que le bout de mesche aura bruslé ledict sachet les balles tomberont & feront assez de bruit pour vous esueiller.

A Paris, on vendait au Nouvel-An dernier, comme étrennes utiles, des Bougies-Horloges, *inventées* à cette époque et nécessairement brevetées S. G. D. G. On avait calculé de combien diminue, en une heure, une bougie allumée ; sur des bougies intactes étaient des divisions, correspondant à des heures. En se couchant, on allume sa chandelle, et, en se réveillant on sait toujours facilement quelle heure il est. En effet, autant de divisions manquent, autant d'heures se sont écoulées depuis le coucher. J'avoue, sans crainte d'être accusé de partialité à l'égard de Hanzelet, pour lequel je ne puis me défendre d'éprouver une vive sympathie (il a été imprimeur mussipontain ! double confraternité à 250 ans de distance) ! j'avoue, dis-je, que je trouve son invention supérieure, et certainement plus originale. Avec son système, le capitaine a tout à la fois l'horloge et le réveille-matin, voire même l'*ordonnance* pour allumer son feu. Son procédé est aussi plus économique ; après tout, conserver une bougie allumée, pendant que l'on dort, ce n'est pas encore « brûler la chandelle par les deux bouts », mais peu s'en faut. Enfin, son procédé est moins dangereux, le dormeur n'est pas exposé à allumer, sans s'en douter, un incendie, qui le surprendrait dans son premier sommeil.

Hanzelet a des recettes pour tout et pour tous : voici trois excellents onguents pour les brûlures. La fin de ce chapitre est remarquable, elle montre que Hanzelet était un esprit sérieux et observateur, peu accessible aux superstitions et aux préjugés, si communs à l'époque où il vivait. Les sorciers et les rebouteurs, les charlatans et autres vendeurs de drogues miraculeuses auraient perdu leur temps auprès de lui.

Nous auons veu des imposteurs guerir des playes auec de l'eau simple & claire : Mais ils obseruaient des superstitieuses ceremonies en faisant des croix, & disant quelque oraison vaine, mais nous asseurons la posterité, que l'eau simple est suffisante pour guerir les playes, en les lauans d'icelle : en les couurant d'vn linge blanc, moüillé en ceste eau : sans aucunes superstitions, elle mondifie & repercute, en vertu dequoy elle suruient à l'intention de nature, & des blessez ; & guerit mieux les playes, que les vnguents ordinaires. Ce que nous n'auons voulu celer pour le bien public.

Nous rencontrons plus loin un chapitre qui, malgré son titre, n'est pas dangereux et n'est pas destiné à servir de manuel aux émeutiers, bien qu'il traite des *barricades*.

Ce qui suit, et va jusqu'à la fin du livre, a trait aux feux d'artifice de plaisir : fusées avec leurs diverses compositions, rondaches à feu, girandolles, serpenteaux brûlant sur l'eau, pluie de feu, etc., etc. Hanzelet était très-versé en cette matière ; il s'en occupait, même étant imprimeur. Lorsqu'il exerçait cette profession à Pont-à-Mousson, en 1626, il fut appelé à Nancy, pour un feu d'artifice qui n'eut pas lieu. On dirait qu'il a voulu prendre sa revanche dans le chapitre où il donne « la manière de dresser en vn bateau vn artifice de plaisir ». On voit combien il aime son sujet, car il a fait une grande et magnifique planche représentant un feu d'artifice qu'il décrit avec complaisance. Je ne puis mieux faire que de le citer.

Ordinairement on faict volontiers les feux sur les eaux, afin que les spectateurs les puissent aysément veoir par les fenestres de quelque logis, ou sur vn pont : pour moy si i'en auois vn à faire, je le disposerois selon la figure suiuante qui contient au haut d'vn mast, ou entre deux voiles un soleil ou autre chose comme le nom de quelque Prince ou grand Seigneur, qui se peuuent veoir bien clarteusement & de longue durée, par le moyen de peaux de parchemin iointes de part & d'autre en forme de tambour de basque, sur lesquelles sera peint ce que vous desirez en espargne ; comme si vous vouliés faire des lettres, il faut toutes les iambes doubles, & le fond bien noir en destrempe auec du noir bien collé : estant sec il faut huiller le tout auprès du feu, & quand vous auez enuie de les veoir la nuict il faut y poser entre deux, quelque chandelle ou flambeau & ce qui est espargné comme i'ay dit paroistra fort bien, au surplus vous aurez des hommes combatans auec des rondaches à feu, coutelats, masses, d'autres qui tireront mousquets, arquebuses, mortiers, estoiles petantes, basles en l'eau de diuerses sortes, comme il est dit en leur lieu, les autres tireront des fusees en l'air par douzaines, des grosses par demie douzaines ou l'vne apres l'autre, selon que vostre iugement dirigera, ayant dans vostre vaisseau des tambours,

haut-bois, trompettes qui pourront ioüer des fanfares, ou des alarmes
selon les actions que vous désirez faire. La figure suiuante vous
donnera toute intelligence du faict, & à la fin de vostre feu vous
pouuez mettre le feu à cents ou deux cent patereaux de papier, qui
seront tous cloüez apres des aix, par les bouts des ficelles auec lesquelles ils sont liez, & c'est pour dire à Dieu, & les spectateurs croyent
que tout est brisé ou bruslé par le tintamarre desdits petards.

Ces feux d'artifice étaient fort à la mode alors, ils étaient
le complément obligé de toute grande réjouissance. Lors de la
canonisation de saint Ignace et de saint François Xavier, en
1622, à Pont-à-Mousson, il y eut des fêtes qui durèrent
plusieurs jours. On tira deux feux d'artifice, un sur la Moselle, dans un bateau, l'autre à Mousson « qui se veoit de
15 à 16 lieües à la ronde, » dit le chroniqueur de ces fêtes,
dans un livre dont j'aurai occasion de parler, quand je
m'occuperai des livres auxquels Hanzelet a travaillé, en qualité de graveur. On lança alors des fusées avec étoiles pé-
tantes (nos chandelles romaines d'aujourd'hui) qui sem-
blaient « vouloir attacher de nouveaux astres au ciel, » selon
l'expression heureuse de ce même chroniqueur.

A l'avant-dernière page du livre, nous trouvons encore un
exemple de la façon agréable, au point de vue purement
littéraire, que Hanzelet sait prendre, pour présenter ses inventions ; il veut montrer « comment vous pouuez faire des
flambeaux à peu de frais en vne necessité. »

Les paysans ordinairement trouuent à l'instant des inuentions pro-
cedantes de leur practique. Vn de mes amis auoit un iour affaire de
flambeaux pour se conduire, quelqu'vn de ces gens demanda de la
clarté aux paysans, & comme ils n'estoient pourueus de chandelle,
ils prirent chascun vn petit fagot de grande paille, de laquelle ils
l'ont les seps de vigne, & auec des osiers le lierent bien serré et mi-
rent le feu à vn bout qui allumait fort bien, & quand ils venoient
proches des ligatures faisant semblant de s'esteindre ils laschoient
vn peu le bout de ladicte ligature, si bien qu'ils reüssirent aussi bien
auec leur paille, comme auec de bons flambeaux.

En terminant son livre, Hanzelet nous mène au laboratoire d'un artificier. Deux hommes travaillent à fabriquer de la poudre pour arquebuses et pistolets : l'un d'eux bat la composition dans un mortier de bronze, avec un pilon « de mesme estoffe. » Ce n'est pas une mince besogne, car il faut battre « sans perdre courage, six, sept ou huict heures durant, sans discontinuation & à plein bras. » Aussi, l'ouvrier est-il à l'aise dans ses vêtements, bras nus, chemise retroussée. L'autre ouvrier a un ouvrage moins fatiguant ; il fait passer la poudre dans un crible, au-dessus d'un chaudron. « La figure que i'ay cy-deuant apposée monstre oculairement comme tout se doit faire. » Cela peut se dire de toutes les figures qui ornent ce livre, aujourd'hui très-rare, dont je viens de donner une analyse, aussi exacte qu'il m'a été possible, analyse qui demandait, je le répète, pour être bien faite, un homme du métier, ou tout au moins un connaisseur. A défaut de science, j'y ai mis de l'ardeur et de la bonne volonté, cela fera-t-il compensation ?

La première partie de ma tâche est finie, cependant, il me reste encore à parler d'une conjecture, qu'on trouvera peut-être bien hasardée. Je crois avoir trouvé, dans notre ville, la maison où habita Hanzelet, alors qu'il était imprimeur, et qu'il s'occupait de feux artificiels, par goût et par plaisir.

C'est dans la rue du Camp, n° 21 bis. La maison a une forme particulière, originale. A la porte et aux fenêtres, des têtes sculptées ; au milieu, une grande fenêtre unique. C'est là l'habitation d'un homme de goût, d'un homme surtout qui a besoin d'air et de lumière. Ne fallait-il pas à Hanzelet de la lumière, lorsqu'il dessinait et gravait les planches destinées aux volumes qu'il imprimait ? Détail à noter et important : au-dessus de cette grande fenêtre, dans le mur, une petite pièce d'artillerie est sculptée. N'est-ce pas un indice que cette maison a appartenu, pendant quelque temps au moins, à un artificier, à un arquebusier, à un homme enfin, grand amateur de pyrotechnie, comme l'était Hanzelet. Pénétrez dans la maison, vous ne verrez d'abord rien de particulier; mais si vous allez dans la cave, vous serez étonné. C'est plutôt un sous-sol qu'une cave; il est éclairé devant, derrière, et sur le côté par une lucarne, creusée dans un escalier tournant. Chose remarquable : dans cette cave il y a une espèce de four. Au dernier chapitre de sa *Pyrotechnie*, Hanzelet, parlant de la poudre qu'on vient de fabriquer, dit qu'après l'avoir tamisée il faut la faire sécher au soleil, ou en un *lieu chaud*. N'est-ce pas un *lieu chaud* que ce four ? Dans une des chambres de la maison, que j'ai fouillée pour chercher une inscription, un indice quelconque, que je n'ai pas trouvé, j'ai vu cependant une taque de cheminée, avec la date de 1603, ornée d'armes que je ne connais pas, et qui peuvent à peine se distinguer, sous une épaisse couche de suie. On lit très-bien ces mots : DEVS ADIVTOR MIHI. 1603, c'était bien l'époque à laquelle vivait Hanzelet, qui alors n'avait que 7 ans, mais qui a pu acheter ou louer cette maison, la faire arranger à sa guise, quand il vint habiter Pont-à-Mousson, vers 1624, pour y être imprimeur, et la garder, même après 1628, lorsqu'il alla à Nancy, en qualité de maître des feux artificiels.

J'aurais voulu essayer de chercher dans les contrats de vente quelques renseignements sur cette maison et remonter, de minute en minute, jusqu'à ces temps, relativement très-reculés. Mais j'ai dû renoncer à cette idée, faute de temps d'abord, et ensuite parce que les premières pièces à consulter sont dans une Étude où on a aujourd'hui autre chose à faire que des recherches historiques et archéologiques.

Le livre, dont je viens de faire le résumé, n'est en quelque sorte qu'une réimpression, que la seconde édition, revue et corrigée, d'un livre paru dix ans avant, à Pont-à-Mousson également. En voici le titre :

RECVEIL de plusieurs machines militaires et feux Artificiels pour la Guerre et Recréation, Avec l'Alphabet de Trittemius, par laquelle chacun qui sçait escrire peut composer congruement en latin. Avssy le moyen d'escrire la nuict à son amy absent. De la diligence de Iean Appier dit Hanzelet, Calcographe, et de François Thybourel, Chirurgien. *Av Pont-à-Mousson, par Charles Marchant...* 1620. Pet. in-4°.

N'ayant pas eu ce livre entre les mains, j'en emprunte la description à l'excellent livre de M. Beaupré (1).

« Après ce titre général qui est gravé viennent 3 autres ff. limin. contenant une dédicace des auteurs au duc Henry. Texte entremêlé de gravures, en assez grand nombre et signées sur la plupart *Hanzelet*. Il est divisé en six livres intitulés et paginés séparément : chaque livre portant au titre l'écusson du Prince ou grand seigneur à qui il est dédié. Livre I (sous le titre général), 88 pp., dont la série commence par une longue *préface apologétique* en prose, mêlée de vers. — Livre II. (Recveil de plvsievrs machines militaires deffencives). Dédié au prince Charles de Vaudemont (depuis Charles IV), 39 pp. — Livre III. (Recveil de plvsievrs machines militaires), Dédié à Louis de Guise, baron d'Ancerville, 21 pp. — Livre IV. (Recveil de plvsievrs machines militaires et fevx d'artifices povr la gverre). Dédié à Elizée de Haraucourt, gouverneur de Nancy, 112 pp. — Livre V. (Recveil de plvsievrs machines militaires et fevx artificiels). Dédié à Charles de Haraucourt, baron de Chambley, général de l'artillerie de Lorraine et Barrois. 40 pp. — Livre VI. (Méthode pour escrire occvltement à son amy par l'Alphabet de Trithemius, par laqvelle l'on pevt escrire et composer congruement en latin promptement, soit par gens ignorans de la langue latine ou non, en cachant soubs ce latin une missive en quelle langue que l'on voudra, sans qu'il soit possible à homme viuant de l'entendre, sans auoir vne Alphabet semblable...) Dédié à François de Savigny, 32 ff. non chiffrés, titre compris. signat. A—H. Les quatre derniers feuillets sont intitulés : Méthode pour escrire de nuict, à son amy absent..., ensemble povr avoir response

(1) Livre déjà cité.

de luy... Au titre de cette seconde partie du livre VI, on retrouve le *navire voguant*, marque typographique de Martin Marchant, dont Charles Marchant descendait, selon toutes les probabilités. »

Hanzelet a refondu dans sa *Pyrotechnie* la majeure partie de ce que contient le *Recueil des machines de guerre*, c'est-à-dire tout ce qui est relatif aux machines de guerre et à la pyrotechnie. On n'y retrouve pas l'*alphabet de Trittemius*, ni la *méthode pour escrire la nuict à son amy absent*, qui probablement étaient l'ouvrage de Thybourel. Une grande partie des gravures de la *Pyrotechnie* sont des copies de celles que Hanzelet avait gravées lui-même pour le *Recveil des machines militaires*.

Il n'est pas inutile, je crois, de donner quelques détails sur le collaborateur peu connu de Hanzelet.

« Thybourel était de Gorze, dit encore M. Beaupré, entre Pont-à-Mousson et Metz. L'adresse d'une *ode lyrique*, imprimée au dernier feuillet liminaire du volume dont il vient d'être question, lui donne avec le titre de *fameux chirurgien* celui de mathémicien en l'Université de Pont-à-Mousson : ce qui explique assez bien son association avec Appier. »

« L'épitre dédicatoire de ce livre, dit Dom Calmet (1) en partant du *Recveil*, est adressé au duc Henri par Thybourel et Hanzelet. Le premier dit qu'il a reçu commandement de S. A. d'escrire de la faculté & accidens des bains de Plumières (Plombières) & qu'il en a tracé la théorique et la pratique, quand depuis il a écrit les vertus latentes des eaux minérales du Pont-à-Mousson. » Cet ouvrage était encore inédit, il n'a pas été publié. La source minérale ferrugineuse dont il s'agit existe encore aujourd'hui; elle est située à mi-côte de Mousson, et s'appelle la *Fontaine-Rouge*. A cette époque, cette fontaine avait une grande réputation. Le docteur Pacquotte, professeur de médecine et de chirurgie à l'Université de Pont-à-Mousson, médecin ordinaire du Duc Léopold, qui ne parait pas avoir eu connaissance des observations recueillies avant lui par Thybourel, nous apprend (dans une dissertation (2), sur les eaux minérales de Pont-à-Mousson, imprimée

(1) Bibliothèque lorraine.

(2) J'ai vu ce petit livre qui fait partie de la bibliothèque particulière de M. l'abbé Hyver, secrétaire de notre société. M. Hyver recherche pieusement et avec une persévérance, souvent heureuse, tous ces monuments de notre histoire locale. Quand sa collection, déjà si riche, de livres sortis des presses d'imprimeurs mussipontains, sera aussi complète que possible, il compte en faire don à la bibliothèque communale de sa ville natale. Je profite de l'occa-

en 1719, à **Nancy**, chez Cusson), que la Duchesse de Lorraine est venue souvent prendre les eaux dans notre ville, et, maintenant encore, au mois de Mai, bien des gens ont conservé l'habitude d'aller, tous les matins, en boire un ou plusieurs verres. « Cette eau, dit le docteur Pacquotte, est tres legere, elle purge doucement par le ventre, & elle pousse abondamment par les urines. M. le Cardinal de Richelieu passant par Pont-à-Mousson en 1632, alla voir, le lendemain de son arrivée, cette Fontaine. Il en but & trouva l'eau meilleure que celle de Forges. Il en emporta avec lui, & s'en trouva bien. Messieurs les Médecins du Roy, & de mondit Sr. le Cardinal, la trouverent excellente. Le jugement de ces Messieurs a été confirmé par une longue suite de guérisons, attestées non-seulement par les Medecins, mais encore par la voix des peuples, qui en ont été les témoins. » Nous voyons encore dans le même auteur que « autrefois ces Eaux étaient si recommandables, qu'on y abondait de toutes parts, & que le nombre des malades qui y venaient, était si grand que la ville de Pont-à-Mousson, quoi qu'assez spacieuse, pouvait à peine les loger tous. »

Mussipontain, je m'adresse surtout à des Mussipontains d'origine ou de cœur, ils me pardonneront, j'en suis sûr, cette dernière citation :

« Cette Fontaine n'est pas seule chose qui rende la ville de Pont-à-Mousson recommandable. On conviendra sans peine, que la pureté de l'air contribuë autant à rétablir la santé, qu'à l'entretenir : Qu'une Ville bien située, sur le bord d'une grande Riviere, dans un terrain égal, & où tout le Pays produit d'excellens alimens, doit être un sejour tres agréable & tres sain. Le seul aspect de Pont-à-Mousson en donne une idée tres avantageuse. Ceux qui y font leur séjour, ou qui y viennent chercher leur guérison, y trouvent non seulement ce qui peut flatter la vuë, mais encore ce qui charme le goût, avec tout ce qui peut rendre la vie agréable, & dissiper l'ennui, qui ne sert qu'à entretenir la maladie, dont elle est souvent l'effet. Ses campagnes donnent un bled bien conditionné ; ses côteaux un vin bienfaisant, ni corrosif, ni trop fumeux , la volaille y est commune ; le poisson & le gibier s'y trouvent en assez grande abondance. Située entre **Nancy**, **Metz**, **Toul**, & **Verdun**, elle participe à tout ce que ces Villes ont de plus exquis. La Nature liberale à son égard, non contente d'arroser son territoire par un grand nombre de sources tres abondantes, l'a

sion pour le remercier ici de l'obligeance qu'il a mise à me donner les renseignements qu'il connaissait et les documents qu'il avait en sa possession, relatifs au sujet de l'étude que j'ai entreprise.

encore enrichie des Eaux Minérales dont il s'agit, & dont les Habitans
ressentent tous les jours les salutaires effets dans leurs maladies.
Tant d'avantages qui se trouvent dans un si beau séjour, firent
prendre la pensée à Charles de Lorraine, Cardinal & Archevêque de
Rheims, & à Charles III. Duc de Lorraine; d'y fonder une Université,
qui y a été effectivement érigée avec les mêmes prérogatives que les
Universitez de Paris & de Bologne. »